BEI GRIN MACHT SICH IHR WISSEN BEZAHLT

AF138351

- Wir veröffentlichen Ihre Hausarbeit, Bachelor- und Masterarbeit

- Ihr eigenes eBook und Buch - weltweit in allen wichtigen Shops

- Verdienen Sie an jedem Verkauf

Jetzt bei www.GRIN.com hochladen und kostenlos publizieren

Die Chancen und Risiken der Kombination von KI und IoT zur Energieeinsparung

Bibliografische Information der Deutschen Nationalbibliothek:

Die Deutsche Nationalbibliothek verzeichnet diese Publikation in der Deutschen Nationalbibliografie; detaillierte bibliografische Daten sind im Internet über http://dnb.d-nb.de abrufbar.

ISBN: 9783346935113
Dieses Buch ist auch als E-Book erhältlich.

Druck und Bindung: Books on Demand GmbH, Norderstedt Germany
Gedruckt auf säurefreiem Papier aus verantwortungsvollen Quellen

Das vorliegende Werk wurde sorgfältig erarbeitet. Dennoch übernehmen Autoren und Verlag für die Richtigkeit von Angaben, Hinweisen, Links und Ratschlägen sowie eventuelle Druckfehler keine Haftung.

Das Buch bei GRIN: https://www.grin.com/document/1392008

FOM Hochschule für Oekonomie und Management

Hochschulzentrum Nürnberg

Seminararbeit

im Studienfach „Interdisziplinäre Aspekte der Wirtschaftsinformatik"
Sommersemester 2023

Die Chancen und Risiken der Kombination von KI und IoT zur Energieeinsparung

Studiengang:	IT Management (M.Sc.)
Bearbeitungsbeginn:	18.03.2023
Abgabedatum:	07.05.2023

Inhaltsverzeichnis

Abbildungsverzeichnis

Tabellenverzeichnis

Abkürzungsverzeichnis

AI	Artificial Intelligence
KI	Künstliche Intelligenz
ID	Identifikation
IoT	Internet of Things
GSM	Global System for Mobile Communications
NFC	Near Field Communication
OSI	Open Systems Interconnection Model
PLC	Programmable Logic Controller
SPS	Speicherprogrammierbare Steuerung
WLAN	Wireless Local Area Network
WPAN	Wireless Personal Area Network
RFID	Radio-Frequency Identification
SWOT	Strengths, Weaknesses, Opportunities, Threats
UMTS	Universal Mobile Telecommunications System

1 Einleitung

Die fortschreitende Digitalisierung ist für die weltweite Wirtschaft der zentrale Treiber für neue Produkte und Dienstleistungen. Hierdurch erhöht sich die Wertschöpfung von Unternehmen und es gibt neue Verfahren und Prozesse um Probleme zu lösen.[1] Künstliche Intelligenz (KI), oder auch artifizielle Intelligenz (AI) ist eine der Zukunftstechnologien für private Haushalte und die weltweite Wirtschaft. In den letzten Jahren hat die Verbreitung des Internet of Things (IoT) z.B. in Form von Smart-Home-Technologien zugenommen, und gleichzeitig hat sich die künstliche Intelligenz (KI) zu einem wichtigen Werkzeug entwickelt, um aus den Daten, die gesammelt werden, wertvolle Erkenntnisse zu gewinnen. IOT, die mit KI-Technologien arbeiten, haben das Potenzial, die Lebensqualität der Benutzer zu verbessern und gleichzeitig den Energieverbrauch und die Kosten zu reduzieren. Eine Statistik von Statista prognostiziert, dass die Anzahl der vernetzten Haushalte in Deutschlang bis zum Jahr 2025 auf rund 18 Millionen steigen wird.[2] Bei 40.903 Haushalten in Deutschland, ergibt sich bei einer gesamtgesellschaftlichen Nutzung dieser Technologien daher ein sehr großes Einsparpotenzial an Energie.[3] Die zunehmende Verbreitung von IoT-Technologien hat jedoch auch Bedenken hinsichtlich der Datensicherheit und des Datenschutzes aufgeworfen.

1.1 Problemstellung

Die Forschung im Bereich IoT und KI hat gezeigt, dass die Integration von künstlicher Intelligenz das Potenzial hat, den Energieverbrauch zu reduzieren und das Leben der Menschen zu vereinfachen. Zum Beispiel können KI-basierte Algorithmen zur Analyse von Energieverbrauchsdaten verwendet werden, um den Energieverbrauch automatisch zu optimieren und den Stromverbrauch von nicht benötigten Geräten zu reduzieren.

Darüber hinaus kann die Integration von künstlicher Intelligenz in IoT-Netzen auch den Komfort für die Nutzer erhöhen. So können beispielsweise KI-basierte Systeme für eine automatische Anpassung von Raumtemperaturen sorgen und dabei individuelle Vorlieben der Nutzer berücksichtigen. Zudem können IoT Systeme mit KI-Integration zur

---

[1] Vgl. Rujoiu, O.; (2019); S. 299
[2] https://de.statista.com/prognosen/885611/anzahl-der-smart-home-haushalte-in-deutschland, Abruf 07.05.2023
[3] Vgl. https://www.destatis.de/DE/Themen/Gesellschaft-Umwelt/Bevoelkerung/Haushalte-Familien/Tabellen/1-2-privathaushalte-bundeslaender.html; Abruf 07.05.2023

Erkennung von Einbrüchen, Bränden oder Wasserschäden eingesetzt werden, um frühzeitig zu alarmieren und Schäden zu minimieren. [4]

Allerdings können die Nutzung von Daten und die Verarbeitung von persönlichen Informationen auch Bedenken hinsichtlich der Privatsphäre der Nutzer aufwerfen. Die Verarbeitung von Gesundheits- und Verhaltensdaten kann möglicherweise zu Diskriminierung und Missbrauch führen.[5]

In dieser Arbeit sollen Grundlagen für die Themengebiete IoT und KI geschaffen werden. Zusätzlich wird eine Untersuchung durchgeführt, um zu ermitteln, ob die Kombination von IoT und KI potenzielle Vorteile wie Energieeinsparungen im privaten Bereich bietet oder ob sie Nachteile mit sich bringt.

1.2 Zielsetzung und Methodik

Ziel der vorliegenden Arbeit ist, dem Leser einen Überblick über die Grundlagen der Themenbereiche KI und IOT zu geben. Diese Begriffe werden im täglichen Umgang sehr oft genannt und verwendet, jedoch fehlen vielen Menschen hierfür die Grundlagen. Um ein grundlegendes Verständnis zu schaffen, wird hierfür für beide Themenbereiche eine Literaturrecherche durchgeführt und wichtige, sowie notwendige Inhalte zusammengetragen.

Des Weiteren wird eine SWOT-Analyse in Bezug auf den Einsatz von KI im Umfeld von IoT durchgeführt, um die Stärken, Schwächen, Chancen und Risiken transparent zu machen.

---

[4] Vgl. Vgl. Wisser, K.; (2018); S. 19
[5] Vgl. Mittelstadt, B. D., Fairweather, N. B., & McBride, N., (2016); S. 5-8

2 Theoretische Grundlagen / Stand der Forschung

Um ein grundlegendes Verständnis für die beiden Themengebiete IoT und KI zu schaffen, werden mit Hilfe einer Literaturrecherche die bereits bekannten wissenschaftlichen Erkenntnisse in diesem Kapitel beschrieben und zitiert.

2.1 Internet of Things

Dieses Kapitel beschäftigt sich mit den theoretischen Grundlagen zu IoT. Dabei wird nicht nur der Begriff und die Historie näher erläutert, sondern auch die technischen Grundlagen und die einzelnen Bestandteile.

2.1.1 Begriffsdefinition

Der Begriff Internet of Things (IOT) bedeutet in das deutsche übersetzt Internet der Dinge.[6] IoT wurde als Begriff von Marketing-Abteilungen, aber auch von verschiedenen Forschungsfeldern verwendet und mit Bedeutungen hinterlegt. Daher ist es schwierig eine allgemeine Definition zu geben. Mattern und Floerkmeier, welche die Entwicklung von IoT beschrieben, versuchen den Begriff wie folgt zu definieren. Das Konzept des Internets der Dinge beschreibt eine zukunftsorientierte Vision, die eine nahtlose Integration von physischen Objekten in das digitale Ökosystem des Internets vorsieht. Durch die Einbindung einer Vielzahl von Alltagsgegenständen in das Internet können diese mit Informationen angereichert und als Zugangspunkte für Internetdienste genutzt werden. Diese Entwicklung ermöglicht eine vertiefte Vernetzung und Automatisierung von Prozessen und stellt somit einen bedeutenden Fortschritt im Bereich der digitalen Transformation dar.[7] Der Begriff beschreibt ein Netzwerk intelligenter Objekte, die die Fähigkeit haben sich zu organisieren, Informationen zu teilen und auf Situationen reagieren können. Es kann aber auch als Netzwerk gesehen werden, welches Kommunikation und Interaktion zwischen Menschen, zwischen Menschen und Objekten und zwischen Objekten ermöglicht.[8] In knapper Formulierung beschreibt der Begriff IoT die Vernetzung von Alltagsgegenständen, welche in unterschiedliche Kategorien eingeteilt werden können. Diese Kategorien umfassen bisher unvernetzte Geräte wie Toaster oder Waschmaschinen, vernetzte Geräte wie Fernseher oder Smartphones sowie klassische vernetzte Geräte wie

---

[6] Vgl. https://www.dict.cc/?s=internet+of+things, Abruf 07.05.2023
[7] Vgl. Mattern, Floerkemeier, (2010), S. 107
[8] Vgl. Somayya Madakam, R. Ramaswamy, Siddharth Tripathi; (2015);

Router. Das primäre Ziel der Vernetzung besteht darin, alltägliche Aufgaben des Lebens zu vereinfachen.[9]

2.1.2   Historie

Ohne die Entwicklung der Supercomputer, des Internets, Smart Phones und social Media würde auch IoT nicht entwickelt worden.[10] Auf Grund der Vielzahl an Entwicklungen wird explizit auf die Entwicklung des Begriffs in diesem Kapitel eingegangen.

Die Ursprünge von IoT lassen sich bis ins Jahr 1968 und auf den Ingenieur Dick Morley zurückführen. Morley entwarf die Speicherprogrammierbare Steuerung (SPS) bzw. die Programmable Logic Controller (PLC), welche zur Steuerung von Industriecomputern im Kontext von Fertigungsprozessen von Industriemaschinen eingesetzt wurden. Diese technologischen Entwicklungen stellen einen wichtigen Meilenstein in der Entwicklung von IoT dar.[11] Der Begriff "Internet der Dinge" erlangte Popularität durch die Bemühungen des Auto-ID-Centers am Massachusetts Institute of Technology. Ab dem Jahr 1999 entwarf und förderte das Center eine firmenübergreifende RFID-Infrastruktur. Kevin Ashton, einer der Mitgründer und Leiter des Centers, wurde im Jahr 2002 im Forbes Magazin mit der Aussage zitiert, dass ein Internet der Dinge, als standardisierte Möglichkeit für Computer die reale Welt zu verstehen notwendig ist.[12] Ab 2005 wurde der IoT-Begriff zunehmend in Veröffentlichungen verwendet und die EU-Kommission veranstaltete Konferenzen im Zusammenhang mit RFID, wie z.B. 2006 und 2007 die „RFID to the Internet of Things".[13] Eine der ursprünglichen Ideen für IoT-Netze war es, Objekte mit Sensoren in die Umgebung von Menschen zu integrieren, damit eine automatische Identifikation ermöglicht wird.[14] Des Weiteren hat das Aufkommen von Smartphones, Fitnesstrackern oder Smart TVs dazu beigetragen, das IoT eine große Bandbreite an Anwendungsmöglichkeiten wie Smart Home, Industrie 4.0 oder im Gesundheitswesen hat.

---

[9]   Vgl. Bök, P.; Noack, A.; Müller, M.; Behnke, D.; (2020); S. 321 f.
[10] Vgl. Anderlfinger, V.; Hänisch, T.; (2015); S. 9 ff.
[11] Vgl. Babel, W.; (2023); S. 3
[12] Vgl. Mattern, Floerkemeier, (2010), S. 108
[13] Vgl. Vgl. Mattern, Floerkemeier, (2010), S. 108
[14] Vgl. Babel, W.; (2021); S. 18

2.1.3   Technische Grundlagen

Als technische Grundlagen sind die gängige Netzwerktechnologie bzw. das Open System Interconnection Referenzmodell (OSI), Wireless LAN (WLAN), Radio Frequency Identification (RFID) oder Near Field Communication (NFC) zu nennen. Von der technischen Perspektive aus betrachtet, ist das Internet der Dinge nicht auf eine einzige Technologie oder eine spezifische Funktionalität beschränkt. Vielmehr besteht es aus einem Bündel von Technologieentwicklungen, die sich gegenseitig ergänzen, um eine neue Qualität von Funktionalität zu schaffen.[15] Zu den Bestandteilen, die für die grundlegende Funktion notwendig sind, sind folgende Eigenschaften. Objekte können durch Vernetzung miteinander und mit Netzwerkressourcen Daten und Dienste austauschen sowie ihren Zustand aktualisieren. Funkbasierte Technologien wie GSM, UMTS, Wi-Fi, Bluetooth, ZigBee und zukünftige Entwicklungen, insbesondere im Bereich der Wireless Personal Area Networks (WPAN), spielen hierbei eine wichtige Rolle. Des Weiteren müssen die Objekte Adressierbar sein, damit sie gefunden, angesprochen und aus der Ferne abgefragt und bedient werden können. Zu den weiteren Eigenschaften gehören die Identifikation, Sensorik, Informationsverarbeitung und Lokalisierung.[16] Laut Bundesnetzagentur kommen für die Maschine-to-Machine-Kommunikation noch die Funkfrequenzen für die Kommunikation bzw. Internetanbindung, eine Rufnummer zur Identifizierung hinzu. Dies ist im Europäischen Kodex für elektronische Kommunikation, der EU-Richtlinie 2018/1972 geregelt. [17] Die Funktionsweise ist aber noch weit komplexer und wird auf Grund der Limitierung dieser Hausarbeit nur oberflächlich behandelt.

2.2   Künstliche Intelligenz

Dieses Kapitel beschäftigt sich mit den theoretischen Grundlagen zu KI. Dabei wird nicht nur der Begriff und die Historie näher erläutert, sondern auch die Teilthemengebiete des maschinellen Lernens und der neuronalen Netze beschrieben.

---

[15] Vgl. Fleisch E, Thiesse F, (2008); www.enzyklopaedie-der-wirtschaftsinformatik.de, Zugriff 10.04.2023
[16] Vgl. Mattern, Floerkemeier, (2010), S. 109
[17] Vgl. https://www.bundesnetzagentur.de/DE/Fachthemen/Digitalisierung/Internet/IoT/start.html; Abruf 07.05.2023

2.2.1 Begriffsdefinition

Der Begriff künstlich bezieht sich auf etwas, das von Menschenhand geschaffen wurde. Der Begriff Intelligenz umfasst die Fähigkeit eines Individuums, bewusst auf Anforderungen zu reagieren und sich an neue Bedingungen und Herausforderungen im Leben anzupassen. Dabei spielt die allgemeine Denkfähigkeit eine zentrale Rolle. [18]

Der Begriff geht auf das Forschungsgebiet der KI zurück, welcher im Rahmen eines Treffens verschiedener Wissenschaftler, wie z.B. John McCarthy und Marvin Minsky am Dartmouth College in New Hampshire 1956 entstanden ist.[19] John McCarthy & Marvin Minsky haben die Künstliche Intelligenz wie folgt beschrieben: „Künstliche Intelligenz liegt dann vor, wenn Maschinen Dinge tun, für deren Ausführung man beim Menschen Intelligenz unterstellt."[20] Dabei ist der Begriff der Künstlichen Intelligenz ein Sammelbegriff für die verschiedenen Technologien, welche seit den 1950er Jahren entwickelt wurden.

Tabelle 1: KI-Technologien

Technologie	Erläuterung	Beispiele
Statistical Machine Learning	Algorithmen nutzen Daten, um zu lernen und können darauf basierend Vorhersagen treffen	Marketinganalysen
Neurale Netze	Die Verarbeitung von Beobachtungsdaten ähnelt der Funktionsweise eines biologischen Nervensystems	Wettervorhersagen
Deep Learning	Training eines neuronalen Netzwerks	Bilderkennung
Rule-based Expert Systems	Individuell ermittelter Risikozuschlag	Kreditüberprüfung
Natural Language Processing (NLP)	Statistische NLP aufbauend auf Machine Learning oder Semantisches NLP	Spracherkennung, Chatbots, intelligente Agenten
Physical Robots	Physische Aktivitäten werden automatisiert	Produktion, Lagerhäuser
Robotic Process Automation	Strukturierte Abläufe und Aufgaben werden automatisiert	Ersatz von Kreditkarten

Quelle: In Anlehnung an *Kaufmann, T.; Servatus, H.*, 2020, S. 4.

---

[18] Vgl. Görz, G.; Rollinger, C.; Schneeberger, J.; (2003), S. 2
[19] Vgl. Kaufmann, T.; Servatuis, G.; (2020); S. 3
[20] Vgl. https://www.bigdata-insider.de/was-ist-kuenstliche-intelligenz-artificial-intelligence-a-562354/#:~:text=Der%20Wissenschaftler%20Marvin%20Minsky%2C%20der,man%20beim%20Menschen%20Intelligenz%20unterstellt. Abruf 07.05.2023

KI besteht aus drei Komponenten: Verstehen, Fühlen und Handeln. Unter Verstehen fällt die Verarbeitung von Input, beispielsweise durch Natural Language Processing, dass es der KI ermöglicht, geschriebenes, gesprochenes und Sprache zu verstehen. Nachdem der Input verarbeitet wurde, soll die KI in der Lage sein, sinnvolle Antworten zu finden, ihr Wissen zu kommunizieren und bei der Entscheidungsfindung von Menschen zu helfen.

Fühlen bezieht sich darauf, wie die KI die Eindrücke aus ihrer Umgebung wahrnimmt, beispielsweise durch maschinelles sehen, Sensoren oder Mikrofone. Diese Informationen werden von der KI erfasst, analysiert und bewertet, um daraus Schlüsse zu ziehen und Handlungen einzuleiten.

Das Handeln schließlich bezeichnet die Umsetzung von Entscheidungen und Handlungen auf Basis des Verstehens und Fühlens. Hierbei nutzt die KI Algorithmen, um auf Basis der gewonnenen Erkenntnisse Entscheidungen zu treffen und Handlungen auszuführen.[21]

2.2.2 Historie

In den 1950er Jahren erlebte die KI-Entwicklung einen Aufschwung, als Pionierforscher wie Marvin Minsky und Claude Shannon begannen, Algorithmen zu entwickeln, die es Maschinen ermöglichten, Probleme zu lösen und Entscheidungen zu treffen. Die Geburtsstunde ist somit im Jahr 1956, während der 6-wöchigen Konferenz am Dartmouth College anzusehen, an denen die oben genannten Forscher und noch weitere daran teilgenommen haben. [22]

In den 1960er und 1970er Jahren wurde die KI-Entwicklung von der Forschung an Expertensystemen geprägt. Diese Systeme basierten auf Regeln und Fakten und sollten es Maschinen ermöglichen, menschenähnliche Entscheidungen in einem bestimmten Bereich zu treffen. Laut dem Informatik-Professor Edward Feigenbaum sollten Expertensysteme auf bestimmten Gebieten das Wissen und Handeln von Experten für einen effektiveren Entscheidungsprozess unterstützen. Als Beispiele für solche Programme sind zum einen Schachprogramme, Rätsellösungsprogramme und Expertensysteme für Chemiker zu nennen.[23]

---

[21] Vgl. Zimmermann, R.; (2018); S. 2
[22] Vgl. Nolting, Michael; (2021); S. 46
[23] Vgl. Feigenbaum, E.; McCorduck, P.; (1984); S. 46

Der nächste große Schritt wurde in den 1990er Jahren erreicht. Forscher konzentrierten sich auf das maschinelle Lernen. Durch die Entwicklung von neuronalen Netzen und anderen Lernmethoden konnten Maschinen lernen, Muster in großen Datenmengen zu erkennen und basierend darauf, Entscheidungen zu treffen. Dies wurde als Fähigkeit von Computern, aus Erfahrungen ohne eine Programmierung zu lernen bezeichnet.[24] Des Weiteren gab es im Jahr 1997 einen weiteren großen Meilenstein für die künstliche Intelligenz. Der IBM Deep Blue hat den damaligen Schachweltmeister Garri Kasparov geschlagen. [25]

In den letzten Jahren haben sich die Fortschritte in der KI-Entwicklung beschleunigt, angetrieben durch die Verfügbarkeit von großen Datenmengen, leistungsstarken Computerressourcen und neuen Algorithmen. Als weiterer Meilenstein der Entwicklung von künstlicher Intelligenz ist der Sieg des Systems Alpha Go über den Go-Weltmeister in 2016 zu sehen. Es galt lange Zeit als unmöglich, einen Go-Champion mithilfe von Algorithmen zu schlagen, da das asiatische Brettspiel aufgrund seiner hohen kombinatorischen Komplexität als äußerst schwierig galt. Die Entwicklung von AlphaGo, das aus einer riesigen Menge an vergangenen Go-Spielen als Datenquelle lernte, hat jedoch gezeigt, dass es möglich ist. AlphaGo hat alle Spielstrategien auf Basis der Daten eigenständig entwickelt. [26]

Der neueste Meilenstein ist der im November 2022 von OpenAI veröffentlichte Chatbot ChatGPT. Die Entwicklung geht dabei auf die erste Version dieser künstlichen Intelligenz der Firma OpenAI im Jahr 2018 zurück. Es gilt aktuell als eines der fortschrittlichsten und leistungsfähigsten Modelle für Sprachverarbeitung und Textgenerierung. [27]

2.2.3 Maschinelles Lernen

Machine Learning ist eine der Teildisziplinen von KI. Diese ist auf Grund der in der heutigen Zeit an Verfügbarkeit großer Datenmengen besonders relevant. Auf Grund von Machine Learning existieren heute sehr gut funktionierende E-Mail-Spamfilter, Text- und Spracherkennungssoftware und sehr effizient arbeitende Suchmaschinen. Maschinelles

---

[24] Vgl. Mitchel, T.; (1997); S. 2
[25] Vgl. Vgl. Nolting, Michael; (2021); S. 48
[26] Vgl. Nolting, Michael; (2021); S. 46
[27] Vgl. https://openai.com; Abruf 07.05.2023

Lernen lässt sich in drei Arten unterteilen. Es gibt das überwachte Lernen, das unüberwachte Lernen und Reinforcement Learning.[28]

2.2.3.1   Überwachtes Lernen

Beim überwachten Lernen geht es darum, ein Modell auf Basis von Trainingsdaten mit Labels zu erlernen, um Vorhersagen über unbekannte oder zukünftige Daten treffen zu können. Der Begriff "überwacht" bezieht sich auf die Tatsache, dass die Trainingsdaten bereits mit Labels versehen sind, also die erwünschten Ausgabewerte bereits gekennzeichnet sind.[29] In der Praxis ist es üblich, sowohl Trainings- als auch Testdaten mit einem oder mehreren bekannten Zielwerten bereitzustellen. Die KI wird mit den Trainingsdaten trainiert, bis sie ein bestimmtes Leistungsniveau erreicht hat. Anschließend wird die trainierte KI mit Testdaten überprüft, bei denen die gewünschte Zuordnung bereits bekannt ist. Dadurch lässt sich feststellen, wie gut die KI bereits arbeitet. [30]

Eine weitere Art des überwachten Lernens ist die Regressionsanalyse, die zur Vorhersage kontinuierlicher Ergebnisse eingesetzt wird. Hierbei werden verschiedene unabhängige oder erklärende Variablen zusammen mit einer stetigen Zielvariable vorgegeben. Das Ziel besteht darin, eine Beziehung zwischen den Variablen zu identifizieren, um das Ergebnis vorherzusagen. Im Bereich des maschinellen Lernens wird die erklärende Variable oft als Merkmal oder Feature bezeichnet, während das Ergebnis als Zielvariable bezeichnet wird. Es ist wichtig zu beachten, dass bei der Regressionsanalyse das Ziel darin besteht, eine kontinuierliche Vorhersage zu treffen. [31]

2.2.3.2   Unüberwachtes Lernen

Im Gegensatz zum überwachten Lernen ist beim unüberwachten lernen die korrekte Antwort bzw. Korrelation noch nicht bekannt. Es werden Methoden angewendet, um die Struktur der Daten zu untersuchen und daraus die benötigten Informationen zu extrahieren. Eine explorative Datenanalyse kann durch verschiedene Verfahren durchgeführt werden, darunter das Clustering-Verfahren. Clustering ist ein unüberwachtes Klassifikationsverfahren, bei dem Datensätze in Gruppen aufgeteilt werden, wobei keine Kenntnisse

---

[28]   Vgl. Raschka, S.; Mirijalili, V.; (2021); S. 29-30
[29]   Vgl. Raschka, S.; Mirijalili, V.; (2021); S. 31
[30]   Vgl. Weber, F.; (2020); S. 41
[31]   Vgl. Raschka, S.; Mirijalili, V.; (2021); S. 33

über die Gruppenzugehörigkeit vorliegen. Jedes Cluster definiert eine Gruppe von Objekten, die gemeinsame Eigenschaften aufweisen. Durch das Clustering können große Datensätze strukturiert und Beziehungen zwischen den Daten abgeleitet werden. Ein Anwendungsbeispiel des Clustering-Verfahrens ist die Verwendung in Marketingabteilungen, wo es eingesetzt wird, um Kunden basierend auf ihren Interessen in Interessensgruppen zu unterteilen und basierend darauf, gezielte Marketingkampagnen zu entwickeln.[32]

Eine zweite Variante des unüberwachten Lernens ist die k-Mens-Clusteranalyse. Das „k" im Namen dieses Verfahrens beschreibt, das der Mensch vorgibt, wie viele Cluster er erwartet. Ein Vorteil dieses Verfahrens ist die Schnelligkeit, da der Rechenaufwand geringer ist. Ein Nachteil ist, dass die Clusteranzahl vorgegeben werden muss und daher Vermutungen vorab angestellt werden müssen.[33]

2.2.3.3   Reinforcement-Learning

Eine dritte Variante des Machine Learnings ist das Reinforcement Learning, welches darauf abzielt, eine KI zu entwickeln, die ihre Leistung durch Interaktionen mit der Umgebung verbessert. Hierbei wird der KI typischerweise ein Belohnungssignal über den aktuellen Zustand der Umgebung zur Verfügung gestellt. Im Gegensatz zum überwachten Lernen, bei dem das Feedback in Form von korrekten Klassenbezeichnungen oder Werten vorliegt, handelt es sich beim Reinforcement Learning um eine Bewertung der Aktionen der KI. Durch das Ausprobieren oder einer bewussten Planung kann die KI erkennen, welche Aktionen besonders belohnt werden und somit ihre Leistung verbessern.[34]

Der Bestrafungs- und Belohnungsmechanismus kann als Tabelle angesehen werden. Erhält die KI einen kleinen Wert, ist dies als Bestrafung anzusehen, erhält sie auf Grund einer korrekten Aktion, einen hohen Wert, ist dies die Belohnung.[35] In der Literatur wird dabei die KI oft als Agent bezeichnet.

Ein verständliches Beispiel für das Anwendungsgebiet des Reinforcement Learning ist ein Schachprogramm, welches das Schachbrett als Umgebung wahrnimmt und darauf basierend Entscheidungen trifft. Dabei wird das Spielende als Belohnungssignal definiert,

---

[32] Vgl. Raschka, S.; Mirijalili, V.; (2021); S. 35
[33] Vgl. Vgl. Nolting, Michael; (2021) S. 91 - 93
[34] Vgl. Raschka, S.; Mirijalili, V.; (2021); S. 34
[35] Vgl. Sonnet, D.; (2022); S. 11

entweder als Gewinn oder Verlust. Es ist jedoch zu beachten, dass die KI ausschließlich für die trainierte Aufgabe optimiert ist und keine Übertragung ihrer Lösungskompetenz auf andere Problembereiche stattfinden kann. Infolgedessen ist die Lösungskompetenz der KI ausschließlich auf das spezifische Anwendungsgebiet beschränkt.[36]

2.2.4   Neuronale Netze

Neuronale Netze sind keine neue Erfindung, diese wurden bereits in den 1950er Jahren ausgearbeitet. Als Begründer dieses Konzeptes gilt dabei Frank Rosenblatt, der das Konzept Perceptron im Jahr 1958 vorgestellt hat. [37] Hierbei ging es darum, dass das Modell einen Input aufnehmen und dazu einen Output errechnen konnte, zum Beispiel beim Erkennen von Gegenständen mit Hilfe von gespeicherten Informationen. Vereinfacht dargestellt, werden zwei Inputs erwartet, diese Werte werden dann mit den Gewichten multipliziert und anschließend summiert. Wenn die gewichtete Summe größer als ein definierter Schwellwert ist, soll eine 1 als Output ausgegeben werden, andernfalls eine 0. [38]

Abbildung 1:   Konzeptionen der Unternehmensbewertung im Zeitablauf

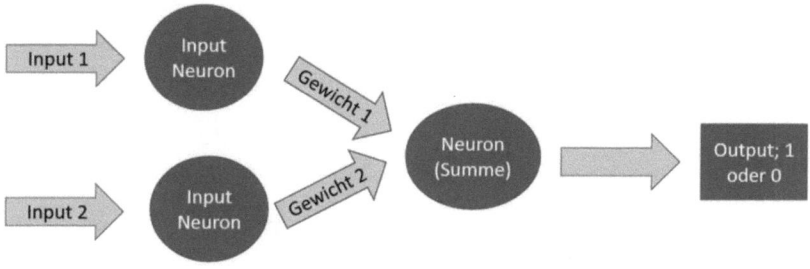

Quelle: In Anlehnung an Sonnet, D., Neuronale Netze Kompakt, 2022, S. 18

Relevant für das Verständnis ist außerdem, das ein Neuronales Netz in Schichten organisiert ist. Jedes Netz hat eine Eingabe- und Ausgabeschicht. Daneben gibt es versteckte bzw. verarbeitende Schichten, die zwischen den beiden erst genannten agieren. Jede

---

[36]   Vgl. Sonnet, D.; (2022); S. 11
[37]   Vgl. Sonnet, D.; (2022); S. 18
[38]   Vgl. Sonnet, D.; (2022); S. 18

Schicht besteht, wie in Abbildung 1 dargestellt aus Neuronen, welche über sogenannte Kanten miteinander verbunden sind. Des Weiteren können Neuronale Netze beliebig viele Neuronen und beliebig viele versteckte Schichten besitzen.

Seit den frühen 2000er Jahren tritt Deep Learning oft als Synonym für neuronale Netze als Begriff in verschiedenen Publikationen auf. Deep Learning bezieht sich, da es auf den neuronalen Netzen basiert nicht auf ein tieferes Verständnis der Daten, sondern darauf das die Anzahl der Schichten, also die Tiefe des Modelles heute oft hunderte aufeinanderfolgende Schichten besitzt. Diese Schichten sind, sozusagen übereinander gebaut. [39] Aus technischer Sicht ist Deep Learning somit ein mehrstufiges Verfahren um die Repräsentationen von Daten zu erlernen. Zur Veranschaulichung wurde folgende Grafik erstellt, sie zeigt, wie nach der Repräsentation der Daten sich ein mehrschichtiges neuronales Netz aufbaut.

Abbildung 2:   Von der Repräsentation der Daten zum Neuronalen Netz

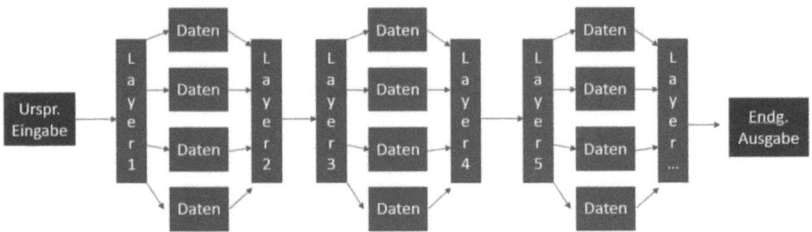

Quelle: In Anlehnung an Francois Chollet, Deep Learning mit Python und Keras, 2018, S. 22

---

[39] Vgl. Chollet, Francois; (2018); S. 20

3 Methodik und Untersuchungsverfahren

Neben der Schaffung theoretischer Grundlage mittels Literaturrecherche, welche in Kapitel zwei durchgeführt wurde, soll dieses Kapitel einen Praxisbezug herstellen. Welche Stärken, Schwächen, Chancen und Risiken können auftreten, wenn KI stärker im Umfeld von IOT eingesetzt wird. Konkret beleuchtet werden soll dies am Beispiel des Energiesparens für private Haushalte. Diese Analysemethode wurde gewählt, um einen Überblick zu der Problemstellung zu geben und als Basis für eine weitere Bearbeitung dieses Themas zu dienen. [40]

3.1 SWOT-Analyse

Die SWOT-Analyse ist ein nützliches Instrument zur Analyse der internen und externen Faktoren eines Unternehmens oder einer Organisation. Sie hilft bei der Identifikation von Stärken, Schwächen, Chancen und Risiken und ermöglicht es, mögliche Handlungsfelder zu erkennen. Die Analyse kann in verschiedenen Bereichen eingesetzt werden, z.B. im Marketing, im Management, in der Personalentwicklung oder in der Unternehmensstrategie. Insgesamt ist die SWOT-Analyse ein flexibles und anpassungsfähiges Instrument, das von Unternehmen und Organisationen in verschiedenen Bereichen genutzt werden kann, um ihre Stärken auszubauen, ihre Schwächen zu minimieren und ihre Chancen zu nutzen. [41]

3.1.1 Strengths

Die Automatisierung gewinnt sowohl im wirtschaftlichen als auch im privaten Bereich immer mehr an Bedeutung. Sie bietet die Möglichkeit, Prozesse effizienter zu gestalten und manuelle Arbeitsabläufe zu automatisieren, was zu einer Steigerung des Nutzerkomforts und der Wirtschaftlichkeit führen kann. [42] Durch die Implementierung eines erweiterten Energiemanagements sowie der Steuerung von Beleuchtung, Verschattung und Stromkreisen wird der Komfort in privaten Haushalten erhöht und gleichzeitig Energie eingespart. Dazu sind neben der Automatisierung auch intelligente Messobjekte einzubinden, welche als IoT-Geräte oftmals umgesetzt sind.[43] Durch die Verknüpfung der IoT-

---

[40] Vgl. Schawel, C.; Billing, F.; (2017) S. 331
[41] Vgl. Schawel, C.; Billing, F.; (2017) S. 331 f.
[42] Vgl. Wisser, K.; (2018); S. 2
[43] Vgl. Wisser, K.; (2018); S. 20 f.

Geräte / Messobjekte mit KI lernen KI-Modelle das Energieverhalten von Haushalten kennen, können personalisierte energieeffiziente Empfehlungen geben oder selbst den Energieverbrauch optimieren. Grundlage für diese Möglichkeit ist die sehr große Datenmenge die durch IoT-Geräte erzeugt wird. KI kann Energieverbrauchsmuster erkennen und präzise Vorhersagen für zukünftige Energiebedürfnisse treffen, was die Energieeffizienz erhöhen kann.

3.1.2   Weaknesses

Eine zuverlässige Dateninfrastruktur und Vernetzung der Geräte sind unerlässlich für die erfolgreiche Integration von KI und IoT. Die Komplexität dieser Integration erfordert eine stabile und sichere Datenübertragung zwischen den verschiedenen Geräten und Systemen. Eine weitere Herausforderung stellt die Datensicherheit und die Wahrung der Privatsphäre der Bewohner dar, da eine Vielzahl von sensiblen Informationen über die Nutzung von IoT-Geräten gesammelt werden können. Es ist daher von entscheidender Bedeutung, dass angemessene Schutzmaßnahmen ergriffen werden, um den Schutz der Daten und Privatsphäre der Bewohner zu gewährleisten. Des Weiteren kann besonders in älteren Gebäuden, in denen auf Grund der Bauweise keine Funkübertragung möglich ist, die Integration von IoT komplexer und oft auch kostenintensiver sein. Es besteht weiterhin die Möglichkeit, dass Bewohner die Kontrolle über ihr Verhalten und ihren Energieverbrauch verlieren, wenn sie sich zu sehr auf die Vorschläge der KI verlassen.

3.1.3   Opportunities

Durch die Kombination von KI und IoT können innovative Geschäftsmodelle und Kooperationen entwickelt werden. Zum Beispiel können KI basierte Energieeffizienz-Produkte oder dementsprechende Dienstleistungen ein neues Geschäftsmodell für Energieanbieter sein. Nutzen Unternehmen im Bereich Energieeffizienz frühzeitig diese Chance, kann sich eine neue Marktposition für diese ergeben. Des Weiteren kann der Einsatz von KI-basierten Energieeffizienz-Produkten dabei helfen, wenn dieser gesamtgesellschaftlich genutzt wird, den Energieverbrauch und damit den CO_2-Fußabdruck zu verringern.

3.1.4 Threats

Die unzureichende Akzeptanz durch die Nutzer stellt ein Hindernis für die erfolgreiche Implementierung von KI und IoT dar. Eine solche Ablehnung kann auf verschiedene Faktoren zurückzuführen sein, einschließlich Bedenken hinsichtlich der Datensicherheit, Unklarheit über die Vorteile der Technologie oder mangelndes Vertrauen in die Fähigkeiten von KI und IoT. Es gibt ein Risiko für die Privatsphäre der Nutzer durch KI-basierte Systeme, wenn Daten ohne Zustimmung gesammelt oder unangemessen genutzt werden. Wenn KI-basierte Systeme nicht ausreichend abgesichert sind, können sie anfällig für Cyber-Angriffe sein.[44] Des Weiteren ist es möglich, dass auf Grund falscher Interpretation der Daten eine KI einen Fehler macht, falsche Entscheidungen oder Empfehlungen gibt. Dies könnte eine Ablehnung von KI in Verbindung mit IoT zur Folge haben.

3.2 Zusammenfassung SWOT-Analyse

Zusammenfassend zeigt die SWOT-Analyse des Einsatzes von KI im Umfeld von IoT zur Energieeinsparung in Haushalten, dass dieser Ansatz sowohl Stärken als auch Schwächen aufweist. Die Stärken liegen in der Möglichkeit, das Verhalten der Bewohner zu analysieren, um den Energieverbrauch zu reduzieren und präzise Vorhersagen für zukünftige Energiebedürfnisse zu treffen. Durch die Integration von IoT können Haushalte auch mit erneuerbaren Energiequellen verbunden werden, um den Energieverbrauch weiter zu reduzieren. Die Schwächen liegen in den möglichen hohen Kosten und der Gefahr, dass Bewohner die Kontrolle über ihren Energieverbrauch verlieren können.

Die Chancen des Einsatzes von KI im Umfeld von IoT zur Energieeinsparung in Haushalten sind jedoch vielversprechend, da dieser Ansatz dazu beitragen kann, den Energieverbrauch und damit die Umweltbelastung zu reduzieren, den Energieverbrauch zu optimieren und die Stromkosten für Verbraucher zu senken. Diese Behauptung wird durch eine Studie von Google in Zusammenarbeit mit Deepmind aus dem Jahr 2022 gestützt. Hierbei ging es um die Energieeinsparung durch das Einsetzen von Reinforcement Learning für das Kühlen von Gebäuden. Über einen Zeitraum von Drei Monaten, zwischen

---

[44] Vgl. https://blog.academy.fraunhofer.de/blogbeitraege/gegen-cyberangriffe-im-internet-of-things-wappnen/; Abruf 07.05.2023

August 2021 und Oktober 2024 wurden dabei gemessen, wie groß die Energieeinsparungen waren. Im Gesamtergebnis lagen die Einsparungen zwischen 9% und 13%. [45] Diese Einsparpotenziale bestätigt im Bereich Heizen ebenfalls eine Studie des Öko-Instituts aus dem Jahr 2019, welche die Energie-Einsparpotenziale von Smart Home untersucht. Hier werden 9% für Wohnungen und 12% für Häuser als Sparpotenzial genannt. [46] Der Durchschnittsstromverbrauch in Deutschlang lag im Jahr 2020 pro Haushalt bei ca. 3190 Kilowattstunden. [47] Unterstellt man eine Gesamtgesellschaftliche Nutzung der Technologien und nimmt an, dass das Minimum ein Einsparpotenzial von 9% dadurch gespart werden kann. Ergäbe das für die 40903 Haushalte bei durchschnittlichem Stromverbrauch von 3190 Kilowattstunden ein Einsparpotenzial von 287,10 Kilowattstunden pro Haushalt, bzw. für alle Haushalte eine Ersparnis von 11743,25 Megawattstunden. Betrachtet man die Ersparnis pro Haushalt, ergibt diese bei 287,10 gesparten Kilowattstunden und einem im April 2023 durchschnittlichen Strompreis von 33 Cent je Kilowattstunde eine Ersparnis von 94,74 Euro im Jahr. [48]

Es ist jedoch auch zu beachten, dass aktuell kleine Smart Home Systeme für 200 bis 300 Euro am Markt zu beziehen sind, für Häuser der Preis oft in vierstelligen Euro-Bereichen liegt. Daher ist bei der Unterstellten Ersparnis eine Amortisierung erst später möglich, was wiederrum die gesamtgesellschaftliche Nutzung aktuell eher unwahrscheinlich macht.[49]

Insgesamt ist es jedoch wichtig, dass bei der Umsetzung dieser Technologien auch ethische und soziale Aspekte berücksichtigt werden. Zukünftige Forschung sollte sich auf die Entwicklung von KI-Systemen konzentrieren, die sicher, benutzerfreundlich und kosteneffizient sind und gleichzeitig die Bedürfnisse und Wünsche der Bewohner berücksichtigen.

---

[45] Vgl. Luo, J.; et al.; (2022); S. 1 - 8
[46] Vgl. Quack, D.; Liu, R.; Gröger, J.; (2019); S. 12
[47] Vgl. https://www.destatis.de/DE/Themen/Gesellschaft-Umwelt/Umwelt/UGR/private-haushalte/Tabellen/stromverbrauch-haushalte.html, Abruf 07.05.2023
[48] Vgl. https://www.verivox.de/strom/strompreisentwicklung/#:~:text=Die%20Strompreise%20f%C3%BCr%20Neukunden%20liegen,Stand%3A%2028.04.2023)., Abruf 07.05.2023
[49] Vgl. https://www.homeandsmart.de/wie-teuer-ist-ein-smart-home, Abruf 07.05.2023

4   Zusammenfassung und Ausblick

Zusammenfassend lässt sich daher festhalten, dass die aktuelle Weiterentwicklung von KI, wie z.B. ChatGPT, ein großes Potential für Automatisierung, Vereinfachung und Einsparungsmöglichkeiten bietet. Für eine größere Marktdurchdringung ist allerdings ein weiteres Absinken der Preise auf dem IoT-Markt vorteilhaft. Des Weiteren sollten Probleme wie Datenschutz, Datensicherheit und Datenzugriff geklärt bzw. dem Endverbraucher transparent gemacht werden. Dadurch würden Hemmschwellen für die großflächige Nutzung dieser Kombination abgebaut werden. Auf Grund der Limitierung dieser Hausarbeit nur eine SWOT-Analyse durchgeführt wurde, sollten weiterführende Arbeiten mit tiefergehenden wissenschaftlichen Methoden das Thema der Kombination von IoT und KI untersuchen.

5   Literaturverzeichnis

Allerding, Florian. Organic Smart Home: Energiemanagement für Intelligente Gebäude. Karlsruhe: KIT Scientific Publishing, 2014.

Andelfinger, Volker P., und Till Hänisch. Internet der Dinge: Technik, Trends und Geschäftsmodelle. 1. Aufl. S.l.: Springer Gabler, 2014.

Babel, Wolfgang. Industrie 4.0, China 2025, IoT: der Hype um die Welt der Automatisierung. Wiesbaden [Heidelberg]: Springer Vieweg, 2021.

———. Internet of Things und Industrie 4.0. essentials. Wiesbaden: Springer Fachmedien Wiesbaden, 2023. https://doi.org/10.1007/978-3-658-39901-6.

Bök, Patrick-Benjamin, Andreas Noack, Marcel Müller, und Daniel Behnke. Computernetze und Internet of Things: technische Grundlagen und Spezialwissen. Lehrbuch. Wiesbaden [Heidelberg]: Springer Vieweg, 2020.

Braun, Tim, Eckerstorfer Anja, Kneißl, Ramona, Köhl, Jana, König, Franziska, Lebek, Melanie, Ottwald, Tini, Trost, Christian, und Vollmer, Sabrina. „Künstliche Intelligenz - KI". Google Scholar, 2018.

Chollet, François. Deep Learning mit Python und Keras: das Praxis-Handbuch: vom Entwickler der Keras-Bibliothek. Übersetzt von Knut Lorenzen. 1. Auflage. Frechen: mitp, 2018.

Feigenbaum, Edward A., und Pamela McCorduck. „Es ist nicht nur die 2. Computerrevolution, sondern die entscheidende". In Die Fünfte Computer-Generation, von Edward A. Feigenbaum und Pamela McCorduck, 45–74. Basel: Birkhäuser Basel, 1984. https://doi.org/10.1007/978-3-0348-6528-9_3.

Görz, Günther, Claus-Rainer Rollinger, und Josef Schneeberger, Hrsg. Handbuch der künstlichen Intelligenz. 4., Korrigierte Auflage. München Wien: Oldenbourg Verlag, 2003.

Kaufmann, Timothy, und Hans-Gerd Servatius. Das Internet der Dinge und Künstliche Intelligenz als Game Changer: Wege zu einem Management 4.0 und einer digitalen Architektur. Wiesbaden [Heidelberg]: Springer Vieweg, 2020.

Madakam, Somayya, R. Ramaswamy, und Siddharth Tripathi. „Internet of Things (IoT): A Literature Review". Journal of Computer and Communications 03, Nr. 05 (2015): 164–73. https://doi.org/10.4236/jcc.2015.35021.

Mattern, Friedemann, und Christian Flörkemeier. „Vom Internet der Computer zum Internet der Dinge". Informatik-Spektrum 33, Nr. 2 (April 2010): 107–21. https://doi.org/10.1007/s00287-010-0417-7.

McCathy, John. Stanford University, 11. Dezember 2007.

Mitchell, Tom M. Machine Learning. McGraw-Hill series in computer science. New York: McGraw-Hill, 1997.

Mittelstadt, Brent Daniel, Patrick Allo, Mariarosaria Taddeo, Sandra Wachter, und Luciano Floridi. „The Ethics of Algorithms: Mapping the Debate". Big Data & Society 3, Nr. 2 (Dezember 2016): 205395171667967. https://doi.org/10.1177/2053951716679679.

Nolting, Michael. Künstliche Intelligenz in der Automobilindustrie: mit KI und Daten vom Blechbieger zum Techgiganten. Technik im Fokus. Wiesbaden [Heidelberg]: Springer Vieweg, 2021.

Raschka, Sebastian, und Vahid Mirjalili. Machine learning mit Python und Keras, TensorFlow 2 und Scikit-learn: das umfassende Praxis-Handbuch für data science, deep learning und predictive analytics. Übersetzt von Knut Lorenzen. 3., Aktualisierte und Erweiterte Auflage. Frechen: mitp, 2021.

Schawel, Christian, und Fabian Billing. „SWOT-Analyse: (Strategische Unternehmens- analysekonzepte)". In Top 100 Management Tools, von Christian Schawel und Fabian Billing, 331–33. Wiesbaden: Springer Fachmedien Wiesbaden, 2018. https://doi.org/10.1007/978-3-658-18917-4_85.

Seifert, Inessa, Matthias Bürger, Leo Wangler, Stephanie Christmann-Budian, Marieke Rohde, Peter Gabriel, und Guido Zinke. „Potenziale der künstlichen Intelligenz im Produzierenden Gewerbe". iit-Institut für Innovation und Technik in der VDI / VDE Innovation + Technik GmbH, Juli 2018.

Sonnet, Daniel. Neuronale Netze kompakt: vom Perceptron zum Deep Learning. IT kompakt. Wiesbaden [Heidelberg]: Springer Vieweg, 2022.

Weber, Felix. Künstliche Intelligenz für Business Analytics: Algorithmen, Plattformen und Anwendungsszenarien. Wiesbaden [Heidelberg]: Springer Vieweg, 2020.

Wisser, Karolin. Gebäudeautomation in Wohngebäuden (Smart Home): eine Analyse der Akzeptanz. Wiesebaden [Heidelberg]: Springer Vieweg, 2018.

Internetquellen:

Artmann, Michael. „Smart Home", o. J. https://www.homeandsmart.de/wie-teuer-ist- ein-smart-home.

„Bundesnetzagentur IoT", o. J. https://www.bundesnetzagentur.de/DE/Fachthemen/ Digitalisierung/Internet/IoT/start.html.

„Cyberangriffe IoT", o. J. https://blog.academy.fraunhofer.de/blogbeitraege/gegen- cyberangriffe-im-internet-of-things-wappnen/.

„Dict.cc IoT", o. J. https://www.dict.cc/?s=internet+of+thing.

Lasquety-Reyes, Jeremiah. „Anzahl der Smart Home Haushalte in Deutschland", o. J. https://de.statista.com/prognosen/885611/anzahl-der-smart-home-haushalte-in-deutschland.

Litzel, Nico. „Was ist KI", o. J. https://www.bigdata-insider.de/was-ist-kuenstliche-intelligenz-artificial-intelligence-a-562354/#:~:text=Der%20Wissenschaftler %20Marvin%20Minsky%2C%20der,man%20beim%20Menschen%20Intelligen z%20unterstellt.

Luo, Jerry, Cosmin Paduraru, Octavian Voicu, Yuri Chervonyi, Scott Munns, Jerry Li, Crystal Qian, u. a. „Controlling Commercial Cooling Systems Using Reinforcement Learning", 14. Dezember 2022. http://arxiv.org/abs/2211.07357.

„Ovidius University Anals". In Economic Sciences Series, XIX:299. Konstanza, 2019. https://stec.univ-ovidius.ro/html/anale/RO/wp-content/uploads/2019/08/Full-Vol.-XIX-Issue-1-1.pdf.

„Private Haushalte Deutschland", 5. Mai 2023. https://www.destatis.de/DE/Themen/ Gesellschaft-Umwelt/Bevoelkerung/Haushalte-Familien/Tabellen/1-2-privathaushalte-bundeslaender.html.

„Strompreis April 2023 Deutschland", o. J. https://www.verivox.de/strom/strompreisentwicklung/#:~:text=Die%20Strompre ise%20f%C3%BCr%20Neukunden%20liegen,Stand%3A%2028.04.2023).

„Stromverbrauch private Haushalte", o. J. https://www.destatis.de/DE/Themen/ Gesellschaft-Umwelt/Umwelt/UGR/private-haushalte/Tabellen/stromverbrauch-haushalte.html.